LA GUINGUETTE,

OU

RÉJOUISSANCES POUR LA PAIX,

COMÉDIE

EN UN ACTE, EN VAUDEVILLES.

Par M.-P.-J.-A. BONEL, et P. VILLIERS,
ex-capitaine au 3e. régiment de dragons.

Représentée, pour la première fois, sur le théâtre Montansier-Variétés, le 29 pluviôse an IX.

A PARIS,

Chez BARBA, libraire, foyer du théâtre Montansier.

AN IX. — 1801.

AU GÉNÉRAL DUROC,

AIDE-DE-CAMP DE BONAPARTE.

Les auteurs de cet à-propos
Veulent l'offrir, dans leur ivresse,
Au compagnon, à l'ami d'un héros,
Ils le mettent à votre adresse.

PERSONNAGES.	ACTEURS.
LA TREILLE, tenant une guinguette,	DUBOIS.
MADAME LA TREILLE, sa femme,	Mme. BARROYER.
GEORGETTE, leur fille,	Melle. GODARD.
LA POINTE, invalide, frère de la Treille,	TIERCELIN.
COURCHAMP, maréchal des logis des guides, amant de Georgette,	XAVIER.
FRIVOLET, autre amant de Georgette,	BRUNET.
RÉGLISSE, md. de coco,	VAUX-DORÉ.
UN FORT DE LA HALLE.	DARANCOUR.
PEUPLE.	

La scène se passe dans le jardin de la guinguette de la Treille.

LA GUINGUETTE,

COMÉDIE.

Le théâtre représente une guinguette.

SCÈNE PREMIÈRE.

LA TREILLE, MAD. LA TREILLE.

Mad. LA TREILLE.

Me parleras-tu, enfin?

LA TREILLE.

Mais tu parles toujours; comment veux-tu que je me fasse entendre?

Mad. LA TREILLE.

Me diras-tu pourquoi tout ce remue-ménage ici? pourquoi tu mets tout sans-dessus-dessous dans ta maison?

LA TREILLE, *sans écouter sa femme.*

A droite, l'orchestre; à gauche, les futailles.

Mad. LA TREILLE.

Je crois, Dieu me pardonne, que la tête te tourne.

LA TREILLE.

Elle tournerait à moins. Je suis dans un contentement! dans une jouissance!... Tiens! parle... Mais, tais-toi.

Mad. LA TREILLE.

Que je me taise?

LA TREILLE.

Eh! oui.

AIR : *Le Monde est une Loterie.*

On gâte toujours une affaire
A force de trop babiller :
Certain homme fait le contraire,
Et sait tout réconcilier.
Combien de fois tu m'as vu rire
De ces grands faiseurs d'embarras!
Ils parlaient beaucoup sans rien dire;
L'autre agit et ne parle pas.

Mad. LA TREILLE.

Que je me taise! tu veux donc me faire mourir? Depuis que tu as entendu publier la paix, tu n'es plus époux, ni père; tu me négliges, et tu oublies ta fille.

LA TREILLE.

Je ne vous ai jamais négligée, madame la Treille; et vous le savez, j'espère; plus que jamais je pense à ma fille : mais, pardonnez à mon enthousiasme... quand je pense que la confiance va renaître! que nous allons revoir nos fils, nos parens, nos amis! les embrasser, les presser sur notre cœur! je suis tout hors de moi, et je sens que, malgré ma goutte, je ferais un entrechat.

Mad. LA TREILLE.

Allons, allons; garde cette vigueur pour la nôce de notre fille. Son prétendu vient souper avec nous, et j'espère que nous terminerons ce mariage... Frivolet, sous tous les rapports, convient à Georgette.

LA TREILLE.

Frivolet! Frivolet, sous aucun rapport, ne convient à Georgette.

Mad. LA TREILLE.

Il est riche....

LA TREILLE.

Et sot.

Mad. LA TREILLE.

Cela ne gâte rien.

LA TREILLE.

Il est poltron.

Mad. LA TREILLE.

Qu'importe! puisqu'on ne va plus à la guerre. D'ailleurs, je le veux.

LA TREILLE.

Et moi, je ne le veux pas! Ne v'là-t-il pas une belle fortune pour ma Georgette, que d'être la femme de M. Frivolet, fils de M. Frivolet, marchand de joujoux d'enfans!

Mad. LA TREILLE.

Ne v'là-t-il pas un bel état que d'être la femme d'un maréchal des logis des guides!

LA TREILLE.

Madame la maréchale! cela ronfle, au moins, mieux que la femme Frivolet.

Mad. LA TREILLE.

Mais, je ne reviens point de ma surprise, et je suis encore à deviner comment ton protégé est parvenu à s'emparer du cœur de Georgette.

LA TREILLE.

Cela te paraît fort?

Mad. LA TREILLE.

Beaucoup, je te l'avoue.

LA TREILLE.

Pour moi....

Air d'Angélique et Melcourt.

Je suis bien loin de m'étonner
Qu'il ait, dans cette circonstance,
Aussi promptement su gagner
Une amoureuse préférence ;
Car, pour triompher d'un rival,
Ses manœuvres sont toujours prêtes :
Il est, près de son général,
A l'école des conquêtes. (*Bis.*)

Ne t'avise pas de me contrarier, et mets-toi bien dans la tête que Frivolet ne sera jamais le guide de Georgette.

Mad. LA TREILLE.

C'est ce que nous verrons. Avec Frivolet, Georgette serait heureuse, elle n'aurait point à craindre des absences, ni des infidélités; mais avec ton militaire.....

Air de la Soirée Orageuse.

Les militaires à l'amour
Peuvent-ils bien rester fidelles ?
Ne les voit-on pas chaque jour
Faire des conquêtes nouvelles ?
Ils nous jurent d'être constans ;
Sur parole peut-on les croire ?
On sait que, depuis bien long-tems,
Ils ont tout quitté pour la gloire.

LA TREILLE.

A ton tour, ma poule, je crois que tu deviens folle. T'imagines-tu qu'un guerrier ne sache pas aimer comme un Frivolet?

Air du Panorama.

Le cœur d'un soldat se partage
Entre sa maîtresse et l'honneur;
L'une aiguillonne son courage :
Il trouve l'autre dans son cœur.
Va.... si nous laissons à l'histoire
Tant de héros à peindre un jour,
C'est que le char de la victoire
Conduit au temple de l'amour. } *bis.*

Mais nous avons le tems de parler de tout cela. Nous aurons beaucoup de monde ce soir..... veille à la cuisine ; moi, je vais m'occuper de l'illumination.

Mad. LA TREILLE.

Comment, une illumination !

LA TREILLE.

Oui, madame, une illumination ; et d'un genre pittoresque.

AIR : *Il faut quitter ce que j'adore.*

Pour ne pas perdre la mémoire
De cet heureux évènement,
Je prétends, pour chaque victoire,
Illuminer différemment.
Par une adroite allégorie,
Que tant de hauts faits soient offerts...

Mad. LA TREILLE.

Ah ! tu vas donc, dans ta folie,
Illuminer tout l'univers ? (*bis.*)

LA TREILLE.

Pas mal ! pas mal ! Ce que tu viens de dire là me raccommode avec toi, et je te propose un armistice jusqu'à ce soir.

Mad. LA TREILLE.

Accepté.

LA TREILLE.

Mais à des conditions.

Mad. LA TREILLE.

Lesquelles, s'il vous plaît?

LA TREILLE.

D'abord, pour premier article, tu ne parleras pas...

Mad. LA TREILLE.

Je ne parlerai pas!

LA TREILLE.

De Frivolet, s'entend.

Mad. LA TREILLE.

Ça me rassure; mais tu t'engages aussi à ne me point parler de ton Courchamp, et à cette condition...

LA TREILLE.

Madame la Treille, les hostilités vont recommencer.

Mad. LA TREILLE.

Allons, point de colère, vainqueur intraitable.... Accordé.

LA TREILLE.

Second article... Que tu ne te mêleras en rien de ce que je ferai pendant la journée.

Mad. LA TREILLE.

Mais....

LA TREILLE.

Profite de ce que je suis humain.

Mad. LA TREILLE.

Accordé.

LA TREILLE.

Troisième article... Que tu ne diras rien à Georgette de nos projets.

Mad. LA TREILLE.

Est-ce tout?

LA TREILLE.

Oui.

Mad. LA TREILLE.

Accordé.

LA TREILLE.

Touche là, madame la Treille. La présente capitulation, revêtue du sceau de nos armes, et paraphée d'un baiser, *ne varietur*, allons, chacun à son ouvrage. (*A part.*) Georgette sera la femme de Courchamp.

Mad. LA TREILLE.

Adieu. (*A part.*) Frivolet sera l'époux de Georgette.

SCENE II.

LA TREILLE, *seul.*

Madame la Treille est un peu verte; mais, au fond, c'est une bonne femme et une bonne mère : je ne lui connais que deux défauts; celui d'aimer trop les écus, et de ne pas assez aimer l'amoureux de Georgette. Cependant, ma fille n'épousera que lui : il est brave : c'est à son courage et à celui de ses camarades de toute arme que nous devons le bonheur dont nous allons jouir. Mais mon frère ne vient point... Ce pauvre la Pointe ! c'est lui qui nous arrangera tous ces dérangemens-là. Il a un petit magot qui servira de présent de nôce à Georgette, et qui déterminera ma femme à être de mon avis. Cela lui donnera une double surprise; car elle ne sait pas ce qui se prépare : à certain signal convenu, tous les voisins viendront, et nous chanterons.... Mais j'entends du bruit... Eh ! c'est mon brave la Pointe.

SCENE III.

LA TREILLE, LA POINTE, *un peu aviné.*

LA POINTE, *chantant.*

« Nous aurons la paix en France. »

Bonjour, frérot.

LA TREILLE.

Ah ! te voilà .... c'est bien heureux ! tu m'avais promis d'arriver de meilleure heure.

LA POINTE.

Est-ce qu'on est maître, aujourd'hui, d'aller droit son chemin ?

LA TREILLE.

Je le vois.

LA POINTE.

Toutes les rues sont obstruxées... c'est une affluence, une foule, une précipitation, une joie, une ivresse !...

Air de la Fanfare de Saint-Cloud.

On dirait, en conscience,
Que tous les français sont fous.
Aux doux plaisirs de la danse,
Heureux, ils se livrent tous.
Sur les quais, aux promenades,
Tout respire la gaîté.

LA TREILLE.

Ami, ce sont des malades
Qui recouvrent la santé.

Entre nous, je crois que ce n'est pas à danser que tu as passé ton tems... tes jambes paraissent un peu faibles.

LA POINTE.

Comment, faibles! je battrais encore un terre-à-terre. Mais, après tout, comment veux-tu faire autrement? j'ai rencontré vingt vieux...

LA TREILLE.

Comment, Vin-Vieux?

LA POINTE.

Vingt vieux camarades invalides comme moi, et nous avons avalé quelques canons à la santé de .... tu sais?

LA TREILLE.

Ah! oui, oui; j'entends.

LA POINTE.

Et puis...

AIR : *Chacun avec moi l'avouera.*

Ainsi, d'après ce, tu dois voir,
Pourquoi, mon ami, je chancèle :
Il est aisé de concevoir
Que c'est par un excès de zèle.
Je l'aime tant, en vérité, (*bis.*)
Que, par un charme inconcevable,
Lorsque je bois à sa santé,
Je reste sous, (*bis*)
Je reste toujours sous la table. (*bis.*)

Ainsi, mon ami, tu me pardonneras un moment d'ivresse, qui, je te jure, n'est pas de l'ivrognerie...

Le motif est trop beau pour en blâmer la cause.

Nous avons la paix!

LA TREILLE.

Et moi, je n'ai qu'un armistice avec ma femme.

LA POINTE.

Mon frère, il y a, je crois, long-tems que tu capitules... mais, morbleu! la place se rendra ce soir; j'ai de quoi imposer silence au commandant femelle; j'ai mon affaire dans ma poche.

SCENE IV.

LES MÊMES, GEORGETTE.

GEORGETTE.

Mon père, je vous cherchais. Mon oncle, je vous salue.

LA POINTE.

Embrasse-moi, ça vaudra mieux. Comme elle est jolie !... Et cette petite créature serait la femme de M. Frivolet !

GEORGETTE.

Non, mon oncle, je ne le serai pas.

LA POINTE.

Non, sur mon sabre d'honneur, tu ne le seras pas !

LA TREILLE.

As-tu veillé à tout ?

GEORGETTE.

Oui, mon père ; et, au premier signal, vous verrez... vous verrez !

LA TREILLE.

Et toi, as-tu vu......

LA POINTE.

Courchamp ?

LA TREILLE.

Non.

GEORGETTE.

Qui donc?

LA POINTE.

Frivolet ?

GEORGETTE.

Ah ! mon oncle !

LA POINTE.

Ne te désole pas... tes amoureux...

LA TREILLE.

Vont se rendre tous deux ici.

GEORGETTE.

Mais, ma mère....

LA TREILLE.

Ta mère? il faut la respecter...

LA POINTE.

Et ne pas faire attention à ce qu'elle dit... moi, je me charge de la mettre à la raison, et, si elle se fâche, je lui dirai, en chantant, que Frivolet est un sot, et que...

Air de l'Opéra Comique.

Femme trouve plus d'un danger
Avec un époux imbécille ;
Et Frivolet est trop léger
Pour la rendre heureuse et tranquille.
On a droit de tout espérer
Du choix heureux qui la décide,
Puisque, pour ne pas s'égarer, } *bis.*
Georgette prend un guide. }

SCENE V.

LES MÊMES, COURCHAMP, FRIVOLET.

LA TREILLE.

C'est Frivolet. Comme il est beau !

FRIVOLET.

Bonjour, papa la Treille et citoyen de la Pointe.

LA POINTE *à Courchamp.*

Ah ! c'est le brave jeune homme .... *(A Frivolet.)* Bonne nuit, Frivolet.

FRIVOLET.

Je vous dis bonjour, et vous me dites bonsoir ? cela ne rime pas, citoyen de la Pointe; mais je prends cela de la part d'où ça vient ; et c'est au papa la Treille à qui je veux porter plainte.

LA TREILLE.

Et de quoi M. Frivolet se plaint-il?

FRIVOLET.

De ce que ce bel oiseau verd m'a rencontré en entrant ici, et qu'en me serrant les doigts de manière à me faire rendre l'ame, il m'a dit qu'il me défendait de remettre les pieds ici; et que, si je comptais épouser Georgette, je pourrais bien mourir veuf.

LA POINTE.

Et cela t'a fait peur?

FRIVOLET.

Mais !....

COURCHAMP.

Il n'est pas permis à tout le monde d'être brave.

LA POINTE.

Et Frivolet ne l'est pas.

COURCHAMP.

AIR : *J'ai vu partout dans mes Voyages.*

Cependant, il est beau d'entendre
Citer ses exploits glorieux ;
D'être un César, un Alexandre...

GEORGETTE.

Etre chéri vaut encor mieux. (*bis.*)
Ces guerriers, ces foudres de guerre,
Ont-ils versé quelques bienfaits ?
Les vrais conquérans de la terre } *bis.*
Sont ceux qui lui donnent la paix. }

LA POINTE.

Tu as eu tort, mon ami, de ne pas avoir suivi ta vocation ; tu aurais joliment figuré en face du lutrin.

LA TREILLE.

Le frère a deviné.

FRIVOLET.

Air d'Arlequin Afficheur.

Ce qu'il dit n'est pas sans raison :
J'aurais bien pu devenir prêtre :
J'aurais voulu me faire un nom,
Au-dessus du commun paraître.
Ma foi, je le dis sans détour,
De peur mon ame fut frappée :
On ne devient pas, en un jour, } (*bis.*)
Un abbé de l'Epée. }

LA TREILLE *à Courchamp.*

Mon ami, vous auriez dû être moins vif.

FRIVOLET.

Bon! bon!.... donnez-lui son paquet, qu'il ne revienne plus.

COURCHAMP *à Frivolet.*

Que je ne revienne plus!

FRIVOLET.

Non; et si vous....

LA POINTE.

Je crois que tu fais le crâne.

FRIVOLET.

Moi? point du tout... Mais, mon oncle, c'est vous...

LA POINTE.

Comment! c'est moi!...

FRIVOLET.

Je ne dis pas cela; je dis à quand ma nôce avec Georgette?

LA TREILLE.

Jamais.

LA POINTE.

Tu ne seras jamais son mari; j'aimerais mieux l'épouser moi-même.

FRIVOLET.

Il est bon là, le vieux papa la Pointe!

LA POINTE.

Qu'appelles-tu, impertinent?... le vieux la Pointe!

FRIVOLET.

AIR : *Ce fut par la faute du sort.*

Mais vous avez des cheveux blancs.

COURCHAMP.

Ses lauriers les cachent sans peine.

LA TREILLE.

Tu ne parais pas quarante ans.

LA POINTE.

J'ai bien passé la soixantaine.

LA TREILLE.

A chaque instant, tu rajeunis.

COURCHAMP.

La gaité donne bon visage.

LA TREILLE.

Et puis pour fêter son pays,
Un guerrier français n'a pas d'âge. (*bis.*)

FRIVOLET.

Tout cela est beau ; mais, quand ma belle-mère future sera présente, vous ne direz pas cela : c'est elle qui est le maître, et mademoiselle Georgette que v'là... (*Il veut l'embrasser.*)

GEORGETTE, *le repoussant.*

Finissez donc, monsieur; ne me touchez pas.

FRIVOLET.

Air de la pipe de tabac.

Pourquoi donc ce courroux extrême ?
Vous avez tort de vous fâcher.
Veut-on plaire à l'objet qu'on aime,
Il faut chercher à le toucher ; (*bis.*)
Et lorsque, par fois, je hasarde
De ravir un baiser bien doux,
De si près que je vous regarde,
Je suis encor trop loin de vous. (*bis.*)

LA POINTE.

Comment donc ? mais c'est charmant, pour un homme qui n'en fait pas métier.

FRIVOLET.

Je fais la bête, parce que je le veux bien ; mais j'ai autant d'esprit qu'un autre et je suis plus galant ; car, voici mon bouquet que j'apporte pour mademoiselle, et le citoyen gendre où est sa rose?

COURCHAMP.

Air de Dorilas.

Il a raison : je suis coupable
D'avoir oublié cette fleur ;
Car, elle doit être agréable
A qui possède sa fraîcheur. (*bis.*)

GEORGETTE.

Sur votre amour je me repose,
Cessez de vous justifier.
On peut oublier une rose, } (*bis.*)
Quand on peut offrir un laurier. }

LA TREILLE.

Ma fille a raison. (*A la Pointe.*) Je vous quitte. Je vais vous envoyer ma femme, et donner le coup-d'œil à nos affaires.

LA POINTE.

Eh bien! est-ce que tu vas me laisser à jeun? (*Il boit.*)

SCENE VI.

GEORGETTE, COURCHAMP, FRIVOLET, LA POINTE.

FRIVOLET, *ironiquement.*

Non, je ne vois pas pourquoi le papa la Treille préfère pour gendre un guide... c'est qu'il aime son général.

LA POINTE.

Il l'aime!... il serait donc le seul qui ne lui rendrait pas justice?

FRIVOLET.

Mais il a...

COURCHAMP.

Il a?...

FRIVOLET.

Suffit. Je m'entends quand je parle seul.

LA POINTE.

Veux-tu parler?

FRIVOLET.

Des ennemis.

LA POINTE.

Des ennemis!... il y a des serpens partout.

FRIVOLET.

Je ne sais; mais...

GEORGETTE.

Air de M. Guillaume.

A tous momens, de ses bienfaits,
Chacun éprouve l'influence,
Et, dans les esprits inquiets,
Il a ramené l'espérance.
Je le sais bien, les envieux
Dénigrent tout ce qu'on renomme.
Quel est donc son crime à leurs yeux?

COURCHAMP.

C'est celui d'être un honnête homme.

FRIVOLET.

Je ne dis pas que non; mais vous savez... dernièrement...

COURCHAMP.

Dernièrement!... ah!...

Air de la Clef Forée.

Des monstres en voulaient aux jours
De celui qui sut, dans la France,
Arrêter promptement le cours
Des partis et de la vengeance.

LA POINTE.

De ces exécrables forfaits,
Sur mon honneur, je le parie,
Le coupable n'est pas français.

COURCHAMP.

Les méchans n'ont pas de patrie.

LA POINTE.

Tais-toi ; ne va pas nous attrister par des souvenirs douloureux.

SCENE VII.

LES MÊMES, LA TREILLE, MAD. LA TREILLE, *se disputant.*

MAD. LA TREILLE.

Quand je vous dis, M. la Treille...

LA TREILLE.

Quand je vous dis, madame ma femme, que ma volonté sera faite...

LA POINTE, *à part.*

Il y a du schisme dans le ménage.

LA TREILLE.

Et que, si, sur-le-champ, vous ne consentez pas au mariage de Georgette avec son amoureux, l'armistice est rompu ; je me retire avec ma fille et le frère la Pointe ; la guerre recommencera, et vous la soutiendrez, si vous voulez.

LA POINTE, *vivement.*

Avec Frivolet.

FRIVOLET.

Je ne me bats point, citoyen.

Mad. LA TREILLE.

Quelle opiniâtreté !

GEORGETTE.

Maman !....

FRIVOLET.

Ne laissez pas entamer la place : tenez bon.

LA POINTE.

Ecoute, sœur : pourquoi n'aimes-tu pas ce jeune homme, et pourquoi lui préférer un imbécille ?

Mad. LA TREILLE.

Il n'a pas... de..... *(Elle fait un signe qui indique de l'argent.)*

LA POINTE.

Voilà où je l'attendais. C'est donc de l'argent qu'il te faut? eh bien ! prend cette bourse ; elle renferme six cents francs en or... et que ma nièce soit heureuse avec ce brave jeune homme-là.

COURCHAMP, *avec vivacité.*

Que faites-vous, père la Pointe?

LA POINTE.

J'obéis à mon cœur... et je voudrais être assez riche pour en offrir autant à tous les braves de l'armée.

FRIVOLET.

Voilà un homme qui mangerait le Pérou.

Mad. LA TREILLE.

Je ne tiens plus, après ce trait généreux.... Frivolet!.... mon ami.... tu vois? ils sont quatre contre moi; ainsi, tu peux partir.

FRIVOLET.

Non, pas du tout; je suis invité à souper, et je reste.

SCENE VIII.

L'orchestre joue l'air du vaudeville du Chaudronnier de Saint-Flour. La toile du fond se lève : on aperçoit les bosquets de la guinguette illuminés en verres de couleur, et le peuple se forme en groupe.

LES MÊMES.

Mad. LA TREILLE.

Qu'entends-je ? que vois-je ?

LA TREILLE.

Allons, mes amis, de la gaîté. La paix est signée ; je marie ma fille ; buvons, chantons, et faites chorus.

SCENE IX.

LES MÊMES, RÉGLISSE, *marchand de tisanne.*

RÉGLISSE.

A la fraîche !... qui veut boire ?... v'là le coco.

LA POINTE.

Qu'est-ce qu'il nous propose là ?

AIR : *J'ai vu par-tout dans mes voyages.*

Le retour certain du commerce,
Du travail va doubler le gain ;
Et tu vois ici qu'on nous verse,
Et qu'à la ronde on bois du vin.

D

Tu perds à cette circonstance :
Crois-moi, prends un métier nouveau;
Car, assez long-tems dans la France
Le peuple n'a bu que de l'eau. } (*bis.*)

RÉGLISSE.

Et je dis que vous êtes joliment tapé, père la Pointe.

AIR : *Consolez-vous avec les autres.*

Ah! dans quel état je vous vois!

LA POINTE.

J'ai pris quelques coups de rogomme.

RÉGLISSE.

En perdant la raison, je crois,
On célèbre mal un grand homme.

LA POINTE.

Ton reproche est hors de saison,
Et c'est à tort que l'on me fronde.

Ton grand homme.....

Ai-je donc besoin de raison,
Quand il en a pour tout le monde?

RÉGLISSE.

Comme vous dites fort bien, papa, mon métier ne vaut plus rien; aussi, j'ai pourvu au remplacement, et j'ai grand débit de ma nouvelle fabrique.

UN FORT.

Voyons un peu votre marchandise, père Réglisse; on pourrait vous en prendre, si elle est bonne.

RÉGLISSE, *ouvrant une petite boîte qui contient des reliefs en plâtre représentant le premier consul.*

Tenez, la voilà ma marchandise.

PLUSIEURS.

Eh ! c'est le portrait du.....

UN FORT.

C'est la figure de..... ça doit bien se vendre !

RÉGLISSE.

Air de la croisée.

J'en ai vendu plus de deux cents.
Il m'en reste encor trois ou quatre.

LA TREILLE.

Combien te faut-il ? je les prends ;
Je veux payer sans rien rabattre.

UN FORT.

Il en faut un aussi pour moi.
Comme à vous sa vertu m'est chère.
On aime à posséder chez soi
Le portrait de son père. (*bis.*)

LA TREILLE.

Allons, mes amis, de la gaîté ; la paix est signée ; reprenons nos verres, et chantons une ronde.

Air de la ronde du Chaudronnier de Saint-Flour.

Amis, chantons l'évènement
Dont l'heureuse influence
Va faire, partout, promptement,
Renaître l'abondance.
Plus de crainte désormais,
Nous sommes tous satisfaits.
Que chacun de nous danse
Un rigodon,
Zig-zag, don-don,
Et rappelons en France
La gaîté, l'union.

Soyons surtout reconnaissans
Pour ceux dont la vaillance
Du bonheur, en ces doux instans,
Nous donne l'assurance :
Que, par nous, à leur retour,
Ils soient fêtés, tour-à-tour,
Et qu'avec eux on danse
Un rigodon,
Zig-zag, don-don ;
Qu'ils retrouvent en France
La gaîté, l'union.

Plus de souvenirs douloureux,
Que le passé s'oublie,
Autour d'un héros généreux,
Que chacun se rallie ;
Ne parlons plus de parti,
Qu'au sein des jeux et des ris,
A tout moment l'on danse
Un rigodon,
Zig-zag, don-don ;
Le bonheur de la France
Dépend de l'union.

FIN.

DE L'IMPRIMERIE DE BRASSEUR, RUE DE LA HARPE N°. 477.

www.ingramcontent.com/pod-product-compliance
Ingram Content Group UK Ltd.
Pitfield, Milton Keynes, MK11 3LW, UK
UKHW021035260726
13994UKWH00005B/2175

9 782329 415352